AF319607

Consonnes.

1 Les bœufs ou avant: **be**
2 Fermez les lèvres et ouvrez-les en prononçant le e: be.
Rapprochez de nouveau les lèvres et ouvrant la bouche dites e: be.
Faire de même avec les autres voyelles ou sons.
En indiquant aux élèves la disposition des organes nécessaire à l'appellation des consonnes, le maître doit préciser... la liaison avec la voyelle, il indique l'élève de l'une à l'autre, au moyen d'une baguette.

3 Les cornes des bœufs: **que**
4 Appuyez le milieu de la langue contre le palais, courbez-la, la forcez contre les gencives inférieures et poussez e: que, etc.
Faites de même avec le e et il résulte avec le e dur.
C dur ne se lit qu'avec les sons qui ne se commencent pas par e, é, è, i, y.

5 La queue du chat: **que**
6 C dur suivi de e, é, è, i, y, se prononce comme s.
Approchez le bout de la langue contre les dents antérieures de la mâchoire inférieure et sifflez e: ce, çu, çon, etc., et avec les sons commençant par e, é, è, i, y.

7 Deux oreilles: **de**
8 Placez le bout de la langue près des dents antérieures, sans projection de souffle, ouvrez la bouche en disant e: de, etc.

9 Du feu: voyez la flamme qui tournoie et le bois en travers: **fe**
10 Contractez la lèvre inférieure, appuyez-la contre les dents supérieures et dites e: fe, etc.
Répétez le même exercice avec la consonne composée ph: phe, phe, etc.

11 C'est le petit gueux qui a fait ce feu: **gue**
12 g dur. Appuyez le talon de la langue contre le fond du palais, et, du gosier ainsi fermé, poussez e: gue, gru, etc., continuant avec les autres sons qui ne commencent pas par e, é, i.
13 gu se lit avec les sons: gua, gue, gui.
14 g doux suivi de e, é, è, i, y, se lit comme j.
La langue un peu retirée dans la bouche contre les dents molaires supérieures, dites e: je, et avec les sons composés, etc.

15 Jeu de billard: la perche pousse la boule: **je**
16 Voyez y doux.

17 Gare au feu (au loup): **le**
18 Le bout de la langue un peu recourbé sur la partie antérieure du palais, prononcez e: le, etc.

19 Miel! fait le veau à qui le loup a mangé une patte: il n'en a plus que trois: **me**
20 Murmurez dans la bouche, et ouvrez les lèvres en disant e: me, etc.

21 Le nœud de ma cravate, fermé en haut et les cornettes pendantes: **ne**
22 Le bout de la langue appuyé sur le devant du palais, murmurez et ouvrant la bouche dites e: ne, etc.

23 Joseph sait-il ses lettres? un peu: **pe**
24 Fermez les lèvres et avec projection de souffle poussez e, en ouvrant la bouche: pe, etc.

25 Il n'ose pas sortir le soir: c'est un peureux: **re**
26 Prenez la langue entre les dents supérieures, et, avec tremblement de son bout poussez e: re, etc.
Ou la langue retirée dans la bouche, du gosier poussez e: e, etc. (Mais alors il y a grasseyement).

27 Sifflez seul: **se**
28 Voyez c doux.

29 Tété, comme pour appeler le toutou: **te**
30 Le bout de la langue appuyé contre les dents antérieures presque rapprochées poussez e avec émission de souffle: e, etc.

31 Veu fait le vent: **ve**
32 La lèvre inférieure dilatée et appuyée contre les dents supérieures dites e: ve, etc.

33 que se cette lettre vaut deux consonnes: cse, **se**
34 Passant rapidement de l'articulation du c dur à celle du s, dites e: se, etc.

35 Zoso: **se**
36 Courbez la langue contre les gencives inférieures, et en serrant la bouche poussez e: se, etc.

37 Chassez les poules: **che**
38 La langue serrée contre les molaires supérieures et avec pression du souffle, poussez e: che, etc.

39 Faites comme le cochon qui grogne: **gne**
40 Etendez la langue contre le palais et murmurant dans le nez, dites e: gne, etc.

40 Hache, instrument à fendre le bois.
41 Cette dernière lettre est nulle dans la lecture quand elle n'est pas précédée d'un p ou d'un c.

B Q
q qu
k
c
d
f
ph
g gu
G J L M N R
T W Z
ç t v x z ch
gn h H

Voyelles ou Sons.

a e é è i o u
A E ez ai I ô U
â eu er ei ill au û
œu et ê y eau
ou oi   Y
en an in ain on un ien
em am im ein om um

b c d f g l p r s t

Les lettres a, e, é, è, i, o, u, s'appellent voyelles brèves, parce qu'on les prononce rapidement.

Les lettres â, ê, î, ô, û, s'appellent voyelles longues, parce qu'on les prononce lentement.

Les voyelles ez, er, et, qui se prononcent é à la fin des mots, ainsi que eu, œu, ei, ill, qui vaut i long, au, eau, ou, oi, en, em, an, am, in, etc. s'appellent sons composés. Cependant er se prononce ère dans mer, fier, ver, hiver, amer, fer, tiers, etc. et et à la fin des mots tient autant de è que de é.

e final ne se lit pas: il fait articuler la consonne précédente: petite, ronde.

Les monosyllabes: mes, tes, ses, ces, les, des, es, est.
se lisent: mè, tè, sè, cè, lè, dè, è, è.

e se prononce encore è dans bec, sec, avec, Caleb, Rodez, Senez, Metz, chef, bref, salep, dans lesquels sonnent les consonnes finales.

e se prononce comme è lorsqu'il est suivi de deux consonnes, de x ou d'un l final: perte, sexe, bel, excepté devant les consonnes doubles bl, br, cl, cr, dr, fl, fr, gl, gr, pl, pr, tr, vr, qui se prononcent ble, bre, cle, etc. Il est encore d'autres consonnes doubles qui commencent les mots: ps, sb, sl, sc, scr, sp, st, str, etc.

e suivi de deux consonnes est muet dans certains mots composés: dessus, dessous, etc.

Il est fermé dans certains mots où il marque extraction: effeuiller, ou addition: effort, etc.; ainsi que dans clef, pied, chef-d'œuvre.

e a le son de a dans femme, enorgueillir, indemnité, nenni, solennel, confidemment, prudemment, fréquemment, et les adverbes qui ont la même finale.

eu, œu, se prononcent lentement comme dans heureux, nœud.

œ se prononce é: œcuménique. Il se lit e quand il est suivi de il: œil.

ai se prononce é par beaucoup de grammairiens, quand il termine un verbe.

y placé dans le corps d'un mot après une voyelle, vaut deux i: moyen (moi ien). Il se lit isolément comme un i dans Bayonne, Bayeux, Bayadère, Biscayen.

um se prononce ome dans les mots qui viennent des langues étrangères: pensum, triumvir, te-deum, etc.

en précédé de é, i, y, se lit in à la fin des mots: européen, et dans d'autres mots qui viennent des langues étrangères: agenda, benjamin, bender, bengale, pensum, etc.

Le tréma placé sur une voyelle en empêche la liaison avec la voyelle précédente: Caïen, Moïse, aiguë, etc.

s entre deux voyelles se lit comme z: maison (mai zon).

t suivi de ion, ia, iel, se lit ordinairement comme s ou c doux: nation, partial, partiel, etc. Placé après une voyelle et suivi de ien il se lit encore souvent comme s, dans les noms propres: Domitien, Egyptien, etc.

x placé entre deux voyelles dont la première est un e muet commençant le mot, se lit comme gz: exaucer, exemple.

Les consonnes finales ne se lisent ordinairement pas; excepté f, l, r: plomb, rond, petit, frais, coup, noix, vif, cruel, sur, etc.

Dans les exercices de cette méthode les lettres nulles sont en caractères italiques, comme ci-dessus.

Une consonne doublée n'en vaut souvent qu'une: gomme, étoffe, etc.

Dans le corps d'un mot une consonne placée entre deux voyelles se lie avec la voyelle suivante: camarade (ca ma ra de).

Si dans un mot deux consonnes différentes se suivent, la première appartient à la syllabe précédente: canton (can ton). Excepté bl, br, cl, etc., qui se lient avec la voyelle suivante: tableau (ta bleau).

1er Exercice. Enseigner les consonnes par les moyens donnés aux alinéas des nombres impairs. Les moyens donnés pour l'enseignement des voyelles se suivent.

Si l'on rougit de faire usage de ces moyens enfantins, mais mnémoniques, on peut avec succès enseigner les consonnes aux élèves en leur faisant préalablement apprendre les mots: Bien! cadet; figue; je l'aime; nœud; peureux; si tu veux; que ceux-là et chignon, qui correspondent à beguede, feguue, jeleme, ne, pere, seteve, xeze, chegne. Chaque syllabe de ces derniers mots beguede, etc., désigne une consonne que l'on montre en nommant la syllabe qui l'indique.

2e Ex. Dites sans les voir, combien il y a de a, de e..., de on... etc.; leur ressemblance ou leur différence avec d'autres lettres, et de quelles lettres se composent les sons composés.

Observez que le A majuscule a la pointe en haut et que le V, l'a en bas; que le E majuscule a trois barres horizontales et que le F majuscule n'en a que deux; que eu et en se ressemblent par la première lettre, et diffèrent par la seconde; que ai, ei, commencent par les mêmes lettres que ain, ein, mais que ceux-ci ont un n de plus, que au et an commencent par la même lettre et finissent le premier par u et le second, par n; que ou et oi ne diffèrent que par la dernière lettre, et que ein et ien se composent des mêmes lettres, mais que ein commence par e, et ien, par i; que le B majuscule se recourbe en dedans, et le R majuscule en dehors, que le C majuscule a ses deux bouts minces, tandis que la corne inférieure du G majuscule est plus grosse que l'autre; que ph et ch diffèrent par la première lettre, et que gu et gn diffèrent par la seconde.

3e Ex. Faire de vive voix la liaison des consonnes avec les voyelles par les moyens donnés aux alinéas des nombres pairs d'abord avec les sons simples et ensuite avec les sons composés. On peut faire cette liaison par épellation en disant, par exemple: be a: ba; be e: be; be é: bé; etc.; et lire ensuite sans épellation.

4e Ex. Montrez la lettre a et faites-en successivement la liaison avec b, qu, d, en disant: ba, qua, da; montrez de même e et faites-en la liaison avec les mêmes consonnes b, qu, d, en disant: be, que, de. Liez les mêmes consonnes avec les autres sons. Liez de même f, g avec a, o, u et les autres sons commençant par a, o, u; f ou ph et gu avec tous les sons: j, l, m avec tous les sons ainsi que n, p, r; s, t, v; x, z: ch, gn.

N. B. Autant que le permet la prononciation de la consonne, faites-en prolonger l'articulation par le souffle avant de la lier avec la voyelle.

VOYELLES

a Le papa sans dents: il a le menton rond: a.
e Des œufs: e.
é Le petit poulet avec sa crête sur son nez: é.
è Celui-là a sa crête par derrière: è.
i hi! hi! Joly rit: i.
o oh! Les chevaux: o.
u hue. Le baudet avec ses pattes en l'air: u.
ou où est le toutou? ou.
oi oies volatiles à large bec semblables à de grandes poules: oi, oi.
en, em, an, am; Il y a quatre ans: en.
in, im, ain, ein; Il y a aussi quatre in avec des points, on pourrait y en ajouter deux autres: yn, ym.
on, om, Fait le canon: on.
un, um. Un Dieu nous regarde: un.
ien. C'est bien Julien: ien.

DECAUSSENNE, Imprimeur, Libraire et Lithographe, place d'Armes, à Maubeuge.

b	a	e	é	è	i	o	u
c	â	eu	ez	ê	y	ô	û

qu
k
d
f
ph
g
gu
j
l
m
n
p
r
s
ç
t
v
x
z
ch
gn

LIAISON DES CONSONNES AVEC LES SONS SIMPLES. (1)

ca	lé	lé	vi	vi	dé	dé	fi
ma	ri	ri	ve	ve	nu	nu	ma
ra	vi	vi	da	da	me	me	na
de	mi	mi	di	di	te	te	nu
jo	ly	li	gué	gué	ri	ri	che
che	nu	pha	re	re	pu	pu ni que	
que	ri	ri	xe	zé	ro	ro gnu re	
re vê tu		tu	be	bé ni gne		ki	lo
sa	lé	su bi te		ma xi me		mè	re

LECTURE.

Lisez jusqu'à chaque point les syllabes détachées, puis les mots qu'elles composent.

jo ly a bu du ca fé. — ma mè re me na sa mu le. — jé rô me
joly a bu du café. — ma mère mena sa mule. — jérôme
dé chi ra sa ca po te. — la cha ri té du di gne cu ré. —
déchira sa capote. — la charité du digne curé. —
l'a xe de la pe lo te. — la ca va le ga lo pe. — phi lo mè ne
l'axe de la pelote. — la cavale galope. — philomène
fi ni ra sa li gne — ca ro li ne a vu u ne zi be li ne. — la
finira sa ligne. — caroline a vu une zibeline. — la
ga lè re a pé ri. — le pha re de la cô te. — la ju ju be te
galère a péri. — le phare de la côte. — la jujube te
gué ri ra. — si gne ta co pie. — nu mé ro. — zé ro. —
guérira. — signe ta copie. — numéro. — zéro. —
to pa ze. — le ca rê me fi ni ra sa me di.
topaze. — le carême finira samedi.

(1) Formez ici comme sur le **Tableau-Alphabet** en allant de *c* à *a* la syllabe *ca ;* lisez-la
ensuite sur l'exercice *ca lé.* Formez de même les autres syllabes que vous lirez aussi. Lisez
de nouveau tout l'exercice dans le sens horizontal , puis dans le sens vertical.

b		a	e	é	è	i	o	u
c			eu	ez	ei	y	au	
qu			œu	er	ai	ill	eau	

k		ou	oi	en	an	in	ain	on	un
d			em	am	im	ein	om	um	ien

| f |
| ph |

LIAISON DES CONSONNES AVEC LES SONS SIMPLES ET LES SONS COMPOSÉS (1).

g					
gu	je dî ne	la vé	vi pè re	l'o do ra*t*
j	jeu di	te nez	ba lei ne	j'au rai
l	pou le	loi	tau reau	meu le
m	bon té	joi*e*	man teau	ren du
n	tem pê te	se rin	pein tu re	bam bou
p	jam be	de main	mien	jam bon

LECTURE.

j'ai vu un nain. — la meu le du mou lin. — le pin son
j'ai vu un nain. — la meule du moulin. — le pinson
chan te de bon ma tin. — un ru ban jau ne. — un bâ ton
chante de bon matin. — un ruban jaune. — un bâton
de bam bou. — l'ou ra gan m'a ru iné. — la mâ choi re du
de bambou. — l'ouragan m'a ruiné. — la mâchoire du
veau. — ma man de man de son pe lo ton de soi*e*. — mon
veau. — maman demande son peloton de soi*e*. — mon
pan ta lon se ra fi ni lun di. — Com bien a vez-vous ven du
pantalon sera fini lundi. — Combien avez-vous vendu
la va che. — tu fein*s* d'i gno rer ta fau te.
la vache. — tu fein*s* d'ignorer ta faute.

(1) Formez d'abord chaque syllabe et lisez-la dans l'exercice suivant, que vous lirez de nouveau en entier verticalement, puis horizontalement, après en avoir isolément formé et lu toutes les syllabes.

r
s
ç
t
v
x
z
ch
gn

DECAUSSENNE, Imprimeur, Libraire et Lithographe à Maubeuge.

a	**i**	**o**	**u**	
eu	œu	ai	ou	oi
en	am	in	ein	on	un	ien

1er Exercice. Liez de vive voix les voyelles *a*, *i*, *o*, *u*, avec les consonnes *b*, *c*...., *s*, *t*, en disant : *ab*, *ac*, etc.

2e Ex. Liez *eu*, *œu*, *ai*, *ou*, *oi*, avec *l*, *r*, en disant : *eul*, *eur*, etc.

3e Ex. Liez *b*, *c*...., *ch*, *gn* avec *a*, *i*, *o*, *u*, *eu*, *œu*, *ou*, *oi* et *c*, *l*, *r*, *s*, *t*, en disant : *bac*, *bal*, etc.

4e Ex. Lisez l'exercice suivant dans l'ordre vertical, puis dans le sens horizontal.

al té ré	il dé fon se	us ten si le*s*
bal con	til bu ry	gus ta ve
ar mé	is lan de	ur bin
gar ni	fis tu le	tur que
ac tif	os ten de	or me
fac tu re	pos tu re	mor du
tour na	os ten soir	sau veur
é pa gneul	vo leur	l'air
as té ris que	at mos phè re	cal cul
gas con	aus tè re	vic tor

LECTURE.

l'é tu de me char me. — il a cul bu té le til bu ry. — cas tor
l'étude me charme. — il a culbuté le tilbury. — castor
a mor du vic tor. — un cos mé ti que bien noir. — le gal va nis me.
a mordu victor. — un cosmétique bien noir — le galvanisme.
— le pour tour du jar din. — la ro ton de de la cour. — le
— le pourtour du jardin. — la rotonde de la cour. — le
sau veur du mon de. — Di eu se ra ton li bé ra teur. — il a
sauveur du monde. — Dieu sera ton libérateur. — il a
ten du sa cor de. — Fan chon par ti ra di man che.
tendu sa corde. — Fanchon partira dimanche.

DECAUSSENNE, Imprimeur, Libraire et Lithographe à Maubeuge.

bl								
br	a	e	é	è	i		o	u
cl		eu	ez	ai	ill	au		
cr		œu	er	ei	y	eau		
dr								
fl	ou	en	an	in	ain	on	un	
fr	oi	em	am	im	ein	om	um	ien

bl
br
cl
cr
dr
fl
fr
gl
gr
pl
pr
tr
vr
ps
pt
sb
sc
scr
sl
sp
st
str
mn
pn

1er EXERCICE. Liez de vive voix les consonnes doubles *bl*, *br*, etc. avec les sons simples et les sons composés.

2e Ex. Formez d'abord de vive voix chaque syllabe et lisez-la dans l'exercice suivant que vous lirez de nouveau en entier, après en avoir ainsi isolément formé et lu toutes les syllabes.

blé, bron ze, clo che, cri ble, dra peau,

fleu ri, fraî che, glou ton, gran de,

plain dre, pré ten dre, trin gle, vrai.

LECTURE.

Un fleu ve pro fon*d*. — Un cri me a bo mi na ble. — Ton
Un fleuve profon*d*. — Un crime abominable. — Ton
pè re ven dra son é pa gneul. — L'ou vri er a plom bé ma
père vendra son épagneul. — L'ouvrier a plombé ma
lam pe. — U ne trin gle de boi*s* d'a ca jou. — La plan che
lampe. — Une tringle de boi*s* d'acajou. — La planche
a été cri blée de trou*s*.—La fleu re du till eul.—Le clai ron
a été criblée de trou*s*.—La fleure du tilleul.—Le clairon
re ten ti*t* : ar me, bra*s*.—Scru te ta con dui te. — Un psau me
retenti*t* : arme, bra*s*.—Scrute ta conduite. — Un psaume
trè*s* po é ti que. — Soi*s* sta ble dan*s* le bien. — Le sbi re a
trè*s* poétique. — Soi*s* stable dan*s* le bien. — Le sbire a
spo li é la veu ve du scri be. — Evi tez le scan da le. — Le
spolié la veuve du scribe. — Evitez le scandale. — Le
stra gon est u ne plan te u ti le.
stragon est une plante utile.

DECAUSSENNE, Imprimeur, Libraire et Lithographe à Maubeuge.

c suivi de *e*, *i*, *y*, se lit comme *s.*

g suivi de *e*, *i*, *y*, se lit comme *j.*

Une consonne doublée n'en vaut souvent qu'une.

Nommez les lettres de l'exercice suivant en disant si elles sont voyelles ou consonnes, si le *c* et le *g* sont durs ou doux, comme : *L* consonne, *a* voyelle, *c dur* consonne, *o* voyelle, *ll* consonne doublée, etc. et lisez ensuite l'exercice.

LECTURE.

La co lle. — Re gar dez ce ca pu cin : il fai*t* pé ni ten ce, ce qui
La colle. — Regardez ce capucin : il fai*t* pénitence, ce qui
le con dui ra au ciel. — L'en fan*t* sa ge se met à ge nou*x*, et ré ci te
le conduira au ciel. — L'enfan*t* sage se met à genou*x*, et récite
sa pri è re. — Le ca ci que cap tif sol da sa ran çon. — Il a cé dé
sa prière. — Le cacique captif solda sa rançon. — Il a cédé
sa co mmo de. — Il man ge de la gi be lo tte. — Un ba ga ge bien
sa commode. — Il mange de la gibelotte. — Un bagage bien
a rran gé se ca sse di ffi ci le men*t*. — Il a sa cca gé ce pau vre gar çon.
arrangé se casse difficilemen*t*. — Il a saccagé ce pauvre garçon.
— Ma bo nne do nne moi du pain. — Ce pan ta lon·fai*t* d'u ne é to ffe
— Ma bonne donne moi du pain. — Ce pantalon fai*t* d'une étoffe
é pai sse me fa ti gue. — Ba ttez ce beu rre et la vez-le a vec (*avèc*
épaisse me fatigue. — Battez ce beurre et lavez-le avec
que) gran*d* so in. — La fé li ci té n'a ccom pa gne que la bo nne
grand soin. — La félicité n'accompagne que la bonne
con du ite. — Ne né gli gez pas vo tre tâ che. — J'a ccor de des pri vi lé ge*s*
conduite. — Ne négligez pas votre tâche — J'accorde des privilége*s*
à ceu*x* qui fon*t* leur*s* de voir*s*. — Le cha grin mon te en crou pe et
à ceu*x* qui fon*t* leur*s* devoir*s*. — Le chagrin monte en croupe et
ga lo pe a vec lui. — La clé men ce fai*t* co nnaî tre le vrai mo nar que.
galope avec lui. — La clémence fai*t* connaître le vrai monarque.

DECAUSSENNE, Imprimeur, Libraire et Lithographe à Maubeuge.

Nommez les lettres de l'exercice suivant en disant si elles sont voyelles ou consonnes.

s entre deux voyelles se lit comme *z*.

t suivi de *ion*, *ia*, *iel* se lit comme *s* ou *c doux*.

Si dans un mot deux consonnes différentes se suivent, la première appartient à la syllabe précédente. Quand il n'y en a qu'une, elle se lie avec la voyelle suivante.

Lisez en séparant les syllabes, et dites pourquoi elles se terminent à telle ou à telle lettre.

LECTURE.

Une rose rouge. Une chaise bien cirée. La cloison du jardin. Le cortége sera composé d'une nombreuse société La nation française se civilisera encore. Une cicatrice d'un cou*p* reçu à la face ajoute à la dignité de la figure martiale de ce général. Une bonne action fi*t* oublier le souvenir de son étourderie. Votre instruction va grandir avec rapidité. Un juge impartial est chose précieuse. La ration du militaire. La présence de la reine apaisa bientôt la sédition. L'anneau nuptial sera béni*t* demain. La justice est son égide. La gondole rase l'onde azurée. Dan*s* ce plaisan*t* séjour on trouve un alimen*t* substantiel et agréable au goû*t*. Mon cousin a l'intention de partir cet aprè*s*-midi. Silence ! l'audience commence. Le li*s* est le symbole de l'innocence. Le cœur de l'impie est plein d'injustice, d'impudence et de tra*h*ison. L'amusemen*t* n'est souven*t* qu'un changemen*t* d'occupation*s*. Le vice ne saurai*t* atteindre à l'élévation qu'il y a dan*s* l'âme du juste. La façon de parler dévoile l'éducation qu'on a reçue. Il fau*t* être impartial en tou*t*. L'Église recommande la bienfaisance. Le froi*d* a glacé la moustache du factionnaire. Un ouragan a jeté la désolation dan*s* ce canton. L'incendie a dévoré la grange de ma cousine. Domitien fu*t* un prince brutal. L'eau du vase s'est évaporée par l'ébullition. L'évaporisation du liquide forme de peti*ts* ruisseau*x* sur les vitre*s*. La gelée a fai*t* périr beaucou*p* d'oiseau*x*. Remuée l'eau croupissante répan*d* une mauvaise odeur.

DECAUSSENNE, Imprimeur, Libraire et Lithographe à Maubeuge.

e se lit *è* quand il est suivi de deux consonnes, de *x* ou d'un *l* final.

x (cs) placé entre deux voyelles dont la première est un *e* muet commençant le mot, se lit comme *gz*.

LECTURE.

Elle, cette, ennemi, estimez, berger, aspect, perdre.

Axe, sexe, Ixion, Alexandre, oxymel.

Examinez, exigé, exonérer, exubérance.

Le café qu'on appelle Moka a une qualité supérieure. La pantomime est une conversation muette. L'Amérique a dû à Franklin la conquête de sa liberté. L'obligation d'être vertueux regarde tout le monde. Dieu exauce la prière de l'enfant sage et studieux. Il suit l'exemple de ses parents. Alexandre-Le-Grand conquit la Perse, et, après avoir traversé l'Asie en vainqueur, il vint mourir à Babylone. On exagère le nombre des fautes du malheureux, et l'on excuse souvent les crimes horribles du riche. Le fiel du désespoir ne doit jamais abreuver celui qui revient sincèrement de ses erreurs. Expliquez soigneusement les règles sur les quelles roule cet exercice. La plus grande des pertes est celle du temps. Les recherches les plus exactes sur l'origine de la peinture n'ont produit que des incertitudes. Si l'on suppose la terre en mouvement, on explique avec facilité les phénomènes célestes. Le commerce fit fleurir la Phénicie. La jeunesse s'égare par les mauvais exemples. Nous devons respecter la vertu, même chez nos ennemis. Notre récolte fut aussi belle que nous l'avions espéré. Le prétexte de faire du bien n'excuse pas le mensonge. N'espérez le pardon qu'au prix du repentir. Dieu nous commande d'une manière expresse l'amour du prochain.

Comme il faut savoir lire les chiffres et les manuscrits, nous donnons plus loin un Tableau-Compteur au moyen du quel les enfants apprendront les premiers éléments du calcul on lira ensuite l'Oraison Dominicale et les Commandements de Dieu traduits en caractères manuscrits.

DECAUSSENNE, Imprimeur, Libraire et Lithographe à Maubeuge.

Il, qui ne se lie pas avec le *a* précédent, se lit quelquefois *ill* à la fin des mots.

y placé dans le corps d'un mot après une voyelle vaut deux *i*.

LECTURE.

Ail, bail, émail, corail, soupirail, ventail, vitrail, fusil.

Pays, ayez, tuyau, renvoyer, tutoyer.

Le germe de la pomme de terre se dirige ver*s* le soupirail de la cave. Le travail rapporte; le babil ne rapporte rien. Un baril de poudre suffi*t* pour détruire un bel édifice. Au premier cou*p* de canon le solda*t* timide a jeté son fusil. Le travail a été le seul moyen qu'il ai*t* employé pour devenir riche. Essuyez par la charité les pleur*s* du pauvre. Ne soyez poin*t* impitoyable enver*s* votre ennemi qui se repen*t*, et l'Eternel exaucera votre prière au jour de la détresse. Le capitaine s'est noyé à un myriamètre de la côte. Essayez de vaincre votre paresse. Lisez la dernière lettre dan*s* Nil, fil, s'il, cil, civil, brésil, exil, pistil, viril, volatil, puéril, péril, nombril, sourcil, gril, chenil, coutil; mai*s* ne la prononcez pa*s* dan*s* outil, persil. On prononce les deux *ll* dan*s* Achille, armillaire, capillaire, distillerie, gille, mille, millésime, billion, pupille, tranquille, ville et leur*s* composé*s*. Le soleil *(solè il)* brille. Suivez le conseil salutaire qu'on vou*s* donne. Qui vi*t* avec loyauté jouira d'une vieillesse respectable. Voyez et n'enviez pa*s* la fortune d'autrui. Ayez patience *(pacience)* dan*s* l'adversité, et que l'orgueil n'enfle poin*t* votre cœur dan*s* la prospérité.

Relisez avec soin plusieur*s* foi*s* de suite chaque phrase des quatre derniers tableau*x*; faite*s*-y la liaison du *t* ou du *s* final avec le mo*t* suivan*t* quan*d* celui-ci commence par une voyelle, et observez que, dan*s* ce ca*s*, le *s* se lit *z*.

DECAUSSENNE, Imprimeur, Libraire et Lithographe à Maubeuge.

INDICATIF.

PRÉSENT en e

je	pos	e
tu	pos	es
il	pos	e
nous	pos	ons
vous	pos	ez
ils	pos	ent

PRÉSENT en s

je	fini	s
tu	fini	s
il	fini	t
nous	finiss	ons
vous	finiss	ez
ils	finiss	ent

IMPARFAIT

je	pos	ais
tu	pos	ais
il	pos	ait
nous	pos	ions
vous	pos	iez
ils	pos	aient

PASSÉ DÉFINI en ai

je	pos	ai
tu	pos	as
il	pos	a
nous	pos	âmes
vous	pos	âtes
ils	pos	èrent

PASSÉ DÉFINI en s

je	fini	s
tu	fini	s
il	fini	t
nous	finî	mes
vous	finî	tes
ils	fini	rent

PASSÉ INDÉFINI

j'ai		posé
tu	as	posé
il	a	posé
nous	avons	posé
vous	avez	posé
ils	ont	posé

PASSÉ ANTÉRIEUR

j'eus	posé

PLUS-QUE-PARFAIT

j'avais	posé

FUTUR

je	pose	rai
tu	pose	ras
il	pose	ra
nous	pose	rons
vous	pose	rez
ils	pose	ront

FUTUR ANTÉRIEUR

j'aurai posé

CONDITIONNEL.

PRÉSENT

je	pose	rais
tu	pose	rais
il	pose	rait
nous	pose	rions
vous	pose	riez
ils	pose	raient

PASSÉ

j'aurais posé

on dit aussi :

j'eusse posé

IMPÉRATIF.

pose
posons
posez

SUBJONCTIF.

PRÉSENT

que je	pos	e
que tu	pos	es
qu'il	pos	e
que nous	pos	ions
que vous	pos	iez
qu'ils	pos	ent

IMPARFAIT

que je	posa	sse
que tu	posa	sses
qu'il	posâ	t
que nous	posa	ssions
que vous	posa	ssiez
qu'ils	posa	ssent

PASSÉ

que j'aie posé

PLUS-QUE-PARFAIT

que j'eusse posé

INFINITIF.

PRÉSENT

poser

PASSÉ

avoir posé

PARTICIPE PRÉSENT

posant

PARTICIPE PASSÉ

ayant posé.

a b c d e f g h i j k l m n o p q r s t u v w x y z

A B C D E F G H I J K L M N O P Q R S T U V W X Y Z

DECAUSSENNE, Imprimeur, Libraire et Lithographe à Maubeuge.

ORAISON DOMINICALE.

Notre Père, qui êtes aux cieux, que votre nom soit sanctifié; que votre règne

Notre Père, qui êtes aux cieux, que votre nom soit sanctifié; que votre règne

arrive; que votre volonté soit faite en la terre comme au ciel; donnez-nous

arrive; que votre volonté soit faite en la terre comme au ciel; donnez-nous

aujourd'hui notre pain quotidien; pardonnez-nous nos offenses, comme nous par-

aujourd'hui notre pain quotidien; pardonnez-nous nos offenses, comme nous par-

donnons à ceux qui nous ont offensés, et ne nous laissez pas succomber à la

donnons à ceux qui nous ont offensés, et ne nous laissez pas succomber à la

tentation; mais délivrez-nous du mal. Ainsi soit-il.

tentation; mais délivrez-nous du mal. Ainsi soit-il.

COMMANDEMENTS DE DIEU.

Un seul Dieu tu adoreras, et aimeras parfaitement.
Un seul Dieu tu adoreras, et aimeras parfaitement.
Dieu en vain tu ne jureras, ni autre chose pareillement.
Dieu en vain tu ne jureras, ni autre chose pareillement.
Les Dimanches tu garderas, en servant Dieu dévotement.
Les Dimanches tu garderas, en servant Dieu dévotement.
Tes père et mère honoreras, afin que tu vives longuement.
Tes père et mère honoreras, afin que tu vives longuement.
Homicide point ne seras, de fait ni volontairement.
Homicide point ne seras, de fait ni volontairement.
Luxurieux point ne seras, de corps ni de consentement.
Luxurieux point ne seras, de corps ni de consentement.
Le bien d'autrui tu ne prendras, ni retiendras à ton escient.
Le bien d'autrui tu ne prendras, ni retiendras à ton escient.
Faux témoignage ne diras, ni mentiras aucunement.
Faux témoignage ne diras, ni mentiras aucunement.
L'œuvre de la chair ne désireras, qu'en mariage seulement.
L'œuvre de la chair ne désireras, qu'en mariage seulement.
Biens d'autrui ne convoiteras, pour les avoir injustement.
Biens d'autrui ne convoiteras, pour les avoir injustement.

DECAUSSENNE, Imprimeur, Libraire et Lithographe à Maubeuge.

TABLEAU-COMPTEUR.

0	1	2	3	4	5	6	7	8	9	10

Zéro, un, deux, trois, quatre, cinq, six, sept, huit, neuf, dix,

11	12	13	14	15	16	17	18	19	20

onze, douze, treize, quatorze, quinze, seize, dix-sept, dix-huit, dix-neuf, vingt.

1	2	3	4	5	6	7	8	9	10	dix.
11	12	13	14	15	16	17	18	19	20	vingt.
21	22	23	24	25	26	27	28	29	30	trente.
31	32	33	34	35	36	37	38	39	40	quarante.
41	42	43	44	45	46	47	48	49	50	cinquante.
51	52	53	54	55	56	57	58	59	60	soixante.
61	62	63	64	65	66	67	68	69	70	septante, ou soixante-dix.
71	72	73	74	75	76	77	78	79	80	quatre-vingt.
81	82	83	84	85	86	87	88	89	90	nonante, ou quatre-vingt-dix.
91	92	93	94	95	96	97	98	99	100	cent.

Lisez plusieurs fois le Tableau - Compteur; arrivé à vingt répétez ce mot à chaque case de la troisième ligne en disant : vingt-un, vingt-deux, vingt-trois..., vingt-neuf, trente; répétez trente à chaque case de la ligne suivante en disant : trente-un, trente-deux, etc. répétez de même quarante, cinquante, etc.

On appelle *unité* un objet quelconque isolément considéré, et plusieurs unités réunies s'appellent *nombre*.

Les chiffres qui représentent les neuf premiers nombres, s'appellent unités simples; ceux qui représentent des dizaines, les centaines, etc. s'appellent unités composées.

Remarquez sur le Tableau 1° qu'en ajoutant une unité ou un point aux neuf premiers points on obtient un nombre appelé *dix*;

2° que dix dizaines font un *cent*.

On pourrait former de même neuf autres centaines en disant : cent-un, cent-deux, cent-trois..., cent-dix, cent-onze...., cent-vingt..., cent-nonante-neuf, deux cents, deux cent-un, deux cent-deux...., deux cent-nonante-neuf, trois cents, trois cent-un..., trois cent-nonante-neuf, quatre cents, etc.

Après avoir ainsi ajouté neuf centaines à la première, on a dix centaines, et dix centaines forment un *mille*.

Dix centaines de mille s'appellent million.

Dix centaines de millions s'appellent billion ou milliard.

De même que pour avoir mille, il faut des unités, des dizaines et des centaines d'unités; ainsi, pour avoir un million il faut des unités, des dizaines et des centaines de mille, pour avoir un billion, il faut également des unités, des dizaines et des centaines de millions, etc.

Si, après avoir pris deux points sur le Tableau-Compteur, vous en preniez encore deux, vous en auriez quatre; si vous ajoutiez encore deux autres points aux quatre premiers, vous en auriez six. Continuez d'ajouter ainsi deux points au dernier nombre trouvé, jusqu'à ce que vous arriviez à cent, et dites : 2 et 2 font 4, et 2 font 6, et 2 font 8, etc.

Effectuez de même jusqu'à cent les opérations suivantes : 3 et 3 font 6, et 3 font 9, etc. 4 et 4 font 8, et 4 font 12, etc. 5 et 5 font 10, etc. 6 et 6 font 12, etc. 7 et 7 font 14, etc. 8 et 8 font 16, etc. 9 et 9 font 18; 1 et 2 font 3, et 2 font 5, etc. 1 et 3 font 4, etc. 1 et 4 font 5, etc. 1 et 5 font 6, etc. 1 et 7 font 8, etc. 1 et 8 font 9, etc. 1 et 9 font 10, etc.

A tous les nombres du Tableau-Compteur terminés par 1 ajoutez alternativement 2, 3, 4, 5, 6, 7, 8, 9, en disant :

1 et 2 font 3;

11 et 2 font 13,

etc.

A tous les nombres du Tableau-Compteur terminés par 2, par 3, par 4, par 5, par 6, par 7, par 8, par 9, par 0, ajoutez alternativement 1, 2, 3, 4, 5, 6, 7, 8, 9, en disant, par exemple 2 et 2 font 4, 12 et 2 font 14, etc.; 3 et 3 font 6, 13 et 3 font 16, etc. etc.

DECAUSSENNE, Imprimeur, Libraire et Lithographe à Maubeuge.

MOTS IRRÉGULIERS.

PRONONCEZ:

Août, Faon, Laon, Saône, Paon, Pied, Vermicelle, Aiguille,
où, fan, lan, sône, pan, pié, vermichelle, aigu ille,

Aiguiser, Sanguinaire, Équateur, Aquatique, Quadrupède,
— aigu iser, sangu inaire, écouateur, acouatique, couadrupède,

Equation, Quadragénaire, Quadruple, Mentor, Écho,
— écouation, couadragénaire, couadruple, mintor, éco,

Chœur, Choriste, Hymen, Jérusalem, Oignon, Poignard,
— cœur, coriste, imène, jérusalème, ognon, pognard,

J'eus, Tu eus, Il eut, Nous eûmes, Vous eûtes, Ils eurent,
— j'u, tu u, il u, nous ûmes, vous ûtes, ils urent,

Moelle, Moellon, Radoub, Rhomb, Second, Bruxelles,
— moile, moilon, radoube, rombe, segon, brusselles,

Auxerre, Soixante.
— ausserre, soissante.

SIGNES DE PONCTUATION.

,   ;   :   .   ?   !   .....

Virgule, Point et virgule, Deux points, Point, Point interrogatif, Point exclamatif. Points suspensifs,

( )   « »   §   *   ..   '   —

Parenthèses, Guillemets, Paragraphe, Astérisque, Tréma, Apostrophe, Trait-d'union.

ABRÉVIATIONS.

M.	Monsieur.		S. Exc.	Son Excellence.
MM.	Messieurs.		S. S.	Sa Sainteté.
Mme	Madame.		C.-à-d.	C'est-à-dire.
Melle	Mademoiselle.		N°	Numéro.
M^e	Maître.		N. B.	Nota Béné.
M^d	Marchand.		P. S.	Post-Scriptum.
Le S^r	Le Sieur.		Ex.	Exemple.
S. M.	Sa Majesté.		Etc.	Et cætera.
S. A. R.	Son Altesse Royale.		T. S. V. P.	Tournez s'il vous plaît.
S. E.	Son Eminence.			

DECAUSSENNE, Imprimeur, Libraire et Lithographe à Maubeuge.